여행자 메모

여권번호 Passport No.	
비자번호 Visa No.	
항공권번호 Air Ticket No.	
항공권편명 Flight Name	
신용카드번호 Credit Card No.	
여행자수표번호 Traveler's Check No.	
해외여행보험번호 T.A. No.	
항공권 예약	Day : Time : Flight Name : 담당자 :

여행 전에 알아두면 좋은 말

안녕하세요
니하오
你好

잘 지내셨습니까?
니하오마
你好吗

처음 뵙겠습니다
지엔따오니 헌까오씽
见到你很高兴

안녕히 계십시오
짜이찌엔
再见

고마워요
씨에씨에
谢谢

급할 때는 손가락으로 콕 집어주세요.

별말씀을요
뿌커치
不客气

미안합니다
뚜이부치
对不起

괜찮습니다
메이꽌씨
没关系

실례합니다(실례했습니다)
따라오러
打扰了

얼마입니까?
뚸사오치엔
多少钱

쾌락은
우리를 자기 자신으로부터 떼어놓지만,
여행은
스스로에게 자신을 끌고 가는 하나의 고행이다.

– Albert Camus –

혼자 가도 당당한
왕초보 여행 중국어회화

**혼자 가도 당당한
왕초보 여행 중국어회화**

2012년 12월 20일 1쇄 발행
2014년 10월 25일 4쇄 발행

지은이 Enjc스터디
발행인 손건
마케팅 이언영
디자인 김선옥
제작 최승용
인쇄 선경프린테크

발행처 **LanCom** 랭컴
주소 서울시 영등포구 영신로 38길 17
등록번호 제 312-2006-00060호
전화 02) 2636-0895
팩스 02) 2636-0896
홈페이지 www.lancom.co.kr

ⓒ Enjc스터디 2012
ISBN 978-89-98469-03-0   13720

이 책의 저작권은 저자에게 있습니다. 저자와 출판사의 허락없이
내용의 일부를 인용하거나 발췌하는 것을 금합니다.

혼자 가도 당당한
왕초보 여행 중국어 회화

Enjc 스터디 지음

이 책의 구성 및 특징

단체로 여행을 가면 현지 사정에 밝은 가이드가 안내와 통역을 해주기 때문에 말이 통하지 않아 생기는 불편함은 그다지 크지 않을 수 있습니다. 하지만, 중국인을 직접 만나 대화를 하거나 물건을 구입할 때 등의 경우에서는 회화가 절대적으로 필요하며 여행지에서의 자유로운 의사소통은 여행을 한층 즐겁고 보람차게 해줄 것입니다.

이 책은 언어 때문에 부담스러운 여행이 아니라 즐거운 여행이 되도록 도착 공항에서부터 안전하게 귀국할 때까지 그때그때 상황에 맞는 유용한 중국어 표현만을 엄선하였습니다. 상대방의 이야기를 듣고 천천히 그리고 확실하게 자기가 하고 싶은 말을 할 수 있도록 하였으며, 실제로 중국으로 여행을 떠날 때 이 책 한 권을 주머니에 넣고 출발하면 베스트 가이드가 될 것입니다.

이 책은 다음과 같은 특징으로 꾸며졌습니다.

휴대용 여행회화 다이어리

중국 현지에서 간편하게 가지고 다니면서 쉽게 꺼내 볼 수 있도록 한 손에 쏙 들어가는 사이즈로 만들었으며, 다이어리로도 활용이 가능합니다.

INTRODUCTION

간편하고 유용한 표현만을 엄선
중국어를 잘 하지 못하는 사람들이 해외로 여행이나 출장 등을 떠날 때 현지에서 유용하게 쓸 수 있도록 여행에서 가장 많이 쓰이는 간편한 표현만을 엄선하였습니다.

여행 스케줄에 맞춘 순서 배열
중국으로 여행을 떠나면 반드시 부딪치게 될 공항, 호텔, 식당, 교통, 관광, 쇼핑, 트러블에 이르는 7개의 주요 장면으로 구성하여 여행의 두려움을 없애도록 하였습니다.

찾아서 말하기 쉬운 맞쪽 편집
필요한 장면에 부딪치는 상황이 오면 즉석에서 찾아 바로 활용이 가능하도록 우리말을 먼저 두었으며, 보기 쉽도록 맞쪽으로 편집하였습니다.

왕초보자도 읽을 수 있도록 한글로 발음 표기
이 책은 중국어를 전혀 못해도 한글로 읽기 쉽게 우리말 밑에 크게 중국어 발음을 달아두었기 때문에 또박또박 발음만 잘 한다면 중국인들도 충분히 알아들을 수 있습니다.

차 례

Part 1 공항

- 입국심사 **30**
- 세관검사 **32**
- 공항안내소 **34**
- 시내로 이동 **36**

Part 2 호텔

- 호텔 예약 **40**
- 체크인 **44**
- 체크인 트러블 **50**
- 룸서비스 **52**
- 호텔시설 이용 **56**
- 세탁 · 미용 **58**
- 전화 **60**
- 우편 **62**
- 호텔에서의 트러블 **64**
- 체크아웃 **68**

CONTENTS

Part 3 식당

식당 찾기	74
식당 예약	76
식당 입구	78
식사 메뉴	80
음식 주문	82
식사를 하면서	86
식사를 마칠 때	88
술집	90
식당에서의 트러블	92
식비 계산	94
카운터	96

Part 4 교통

길을 물을 때	100
길을 잃었을 때	104
택시	106
시내버스	110
시외버스	112
관광버스	114

차 례

지하철 **116**
기차 **118**
비행기 **124**
렌터카 **126**

Part 5 관광

관광안내소 **134**
투어 **136**
관광지 **138**
관람 **140**
사진 **144**
유흥 **146**
골프 · 스키 **148**

Part 6 쇼핑

가게를 찾을 때 **152**
물건을 찾을 때 **156**
물건을 고를 때 **158**
색상 **160**
디자인 **162**
사이즈 **164**

CONTENTS

품질 **166**
백화점 **168**
면세점 **170**
계산 **172**
흥정 **174**
지불방법 **176**
포장 · 배송 **178**
교환 · 환불 **180**

Part 7 트러블

중국어 **186**
난처할 때 **190**
위급한 상황 **192**
분실 **196**
도난 **198**
교통사고 **200**
병원 **202**
약국 **208**

 **여행준비**

해외로 여행을 하려면 무엇보다 사전에 준비가 철저해야 한다. 출국에 앞서 가장 기본적인 준비는 여권 만들기(구여권) → 방문국의 비자취득(비자면제국가는 제외) → 각종 여행정보 수집 → 국제운전면허증 등 각종 증명서 만들기 → 출국 교통편 정하기 → 숙박 예약 → 환전 및 여행에 필요한 짐 챙기기 등이 있다. 물론 이러한 준비는 여행사를 통해서 간편하게 할 수 있다.

여권(passport)

여권은 외국 여행시 여행자의 신분과 국적을 증빙하고, 그 보호를 의뢰하는 문서로써 해당 기관 즉, 외무부 여권과 및 시청, 구청, 군청 등에서 발급받는다. 발급시의 구비서류는 다음과 같다.
① 여권 발급 신청서:1부
② 여권용 사진:2매(3.5×4.5cm 뒷배경은 하얀색)
③ 발급 비용

종류	유효기간	수수료	대상
복수여권	10년	55,000원	만 18세 이상 희망자
	5년	47,000원	만 18세 이상 희망자
			만 8세 이상 ~ 만 18세 미만자
		15,000원	만 8세 미만자
			기간연장 재발급 해당자

	5년 미만	15,000원	국외여행허가대상자 잔여 유효기간부여 재발급
단수여권	1년	20,000원	1회 여행만 가능
기재사항 변경		25,000원	동반 자녀 분리 사증란 추가(1회)

④ 주민등록증이나 운전면허증
⑤ 병무 확인서(병역의무자에 한함)
- 여권 발급에 소요되는 기간은 5~7일이나 성수기에는 7~10일 정도가 걸린다.
- 외교통상부

주소 : 서울시 종로구 수송동 80번지 Korean Re
      대한재보험빌딩 4층
전화 : 영사과 확인창구
      (02) 720-0460 / (02) 2100-7500
전화 : 여권과 창구 (02) 2100-7593~4
전화 : 해외이주 창구
      (02) 2100-7578 / (02) 720-2728

비자(visa)

비자는 여행하고자 하는 국가 기관(대사관)에 의뢰하면 입국을 허가하는 공식 문서로써 방문국가가 결정되면 먼저 비자 필요여부를 확인해야 한다. 비자가 필요한 국가들 중에는 방문목적과

체류기간에 따라 요구하는 구비서류가 다른 경우가 있다. 비자에도 입국의 종류와 목적, 체류기간 등이 명시되어 있으며, 여권의 사증란에 스탬프나 스티커를 붙여 발급하게 된다.

짐을 꾸리기 전에 반드시 확인하자

여행 일정에 가장 중요한 일은 짐을 꾸리는 일이다. 대충 짐을 꾸렸다가는 여행지에서 낭패를 보기 십상이다. 여행지의 기후나 풍토에 대한 정보를 충분히 알아보고 의식주에 관한 준비를 하는 것이 꼭 필요하다.

여권과 항공권·현금·신용카드·필기도구와 운전면허증 및 각종 서류는 작은 가방에 넣어 별도로 소지하는 것이 좋다.

① 여권 : 사진이 있는 면을 복사해서 여권과 별도로 보관한다.

② 항공권 : 출국과 귀국날짜, 노선, 유효기간을 확인해 둔다.

③ 현지화폐 : 교통비 입장료 등의 소액

④ 여행자수표 : 현금과의 비율은 2 : 8정도

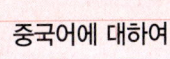 **중국어에 대하여**

중국의 한자는 한 글자가 하나의 음절을 갖고 있다. 어두의 자음을 '성모(声母)'라고 하며, 성모 뒤의 모음을 포함한 부분을 '운모(韵母)'라고 한다. 운모가 모음 하나뿐인 것도 있으며, 음절이 2개 혹은 3개의 모음으로 된(mao, miao), 모음 끝에 비음(鼻音)을 동반한 것(san, ling)도 있다. 한자의 발음을 로마자로 표기하는 것을 拼音(pīnyīn)이라고 하며, 각 음절에는 四声(sìshēng)이라는 성조가 붙어 있다.

1 | 번체자와 간체자

우리가 흔히 사용하는 한자를 중국에서는 번체자(繁体字)라 하고 이것을 단순화시킨 것을 간체자(简体字)라고 하여 중국 내의 모든 공식문서를 비롯하여 출판물에 사용하고 있다. 우리는 어릴 때부터 한자를 많이 접하여 중국어가 그다지 낯설지는 않지만 간혹 익숙지 못한 글자가 나타나기도 하는데, 이는 중국대륙에서 사용되는 간체자와 한국, 일본, 대만, 홍콩 등지에서 사용되는 번체자의 차이 때문이다. 중국 대륙은 1955년부터 1964년에 걸친 작업 끝에 2,238개 한자의 표기법을 통합 정리하고 간략화 하였다. 근래 중국 대륙과의 수교 이후 간체자를 이용하여 중국어를 익히고 있다.

2 | 한어병음

우리말이나 영어는 표음문자로써 글자만 보고도 정해진 규칙대로 발음할 수 있지만 한자는 표의문자로서 글자를 보고 의미를 짐작할 수는 있어도 발음하기는 힘들기 때문에 중국에서는 한자의 발음을 로마자로 표기하는 한어병음(汉语拼音)을 제정, 공포하여 좀 더 쉽고 정확하게 음을 익힐 수 있게 하였다. 1958년에 한어병음방안(汉语拼音方案)에 따라 표음부호로서 공식 제정되어 표준말의 보급에 절대적인 공헌을 하고 있다. 흔히 汉拼으로 약칭하며, 알파벳 26자 중 「v」자를 제외한 25자와 특수모음 「ü」로 구성된다. 이는 애초에 중국어를 표의문자인 한자 대신에 표음문자인 로마자로 바꿔 쓰기 위한 수단으로 개발된 것으로서, 몇 차례 수정 보완을 거쳐 병음자모로서 공식적으로 제정되기에 이르렀다.

3 | 중국어의 어법

중국어는 영어의 「talk, talks, talked」처럼 형태 변화가 없으며, 우리말의 「은(는), 을(를), 이(가), 에(는)」등에 해당하는 조사가 없다. 어순

(语顺)으로 의미를 나타내므로 어순이 틀리면 의미가 달라지거나 없어지거나 한다. 예를 들면, 「猫吃(고양이가 먹다)」를 「吃猫」라고 하면 「고양이를 먹다」라는 뜻이 되어 버린다. 우리말을 그대로 한자로 나열하여 필담(笔谈)을 하거나 말을 하면 뜻밖의 오해를 사는 경우가 있다.

중국어의 발음

중국어는 모음만으로 또는 자음과 모음이 결합해서 발음된다. 이 단위를 음절이라 부르는데 그 수는 약 400개 정도가 있는데 대략 자음 21개, 모음 35개 정도로 나누어서 이해할 수 있도록 되어 있다. 처음에는 어려울 지도 모르지만 이 원리를 잘 알아 두면 기타의 발음은 이해하기가 쉽다. 그 후에는 익숙해질 때까지 입으로 소리를 내서 여러 번 발음 연습을 하면 된다.

1 | 모음

중국어의 모음은 6개의 단모음과 29개의 복모음이 있다. 일단 알아두면 그다지 어려울 것은 없다.

단모음

a [아]	우리말의 「아」보다 입을 크게 벌려서 확실하게 발음한다. ·他 [tā 타] 그
o [오]	입술을 둥글게 내서 「오」와 「어」의 중간 발음을 한다. ·破 [pò 포] 깨지다
e [으어]	입술 모양은 에로 목구멍 뒤에서 「으어」라고 발음한다. ·喝 [hē 흐어] 마시다

yi [이]	입술을 충분히 좌우로 벌려서 발음한다. ·米 [mǐ 미] 쌀
wu [우]	입술을 내서 작게 오무려서 발음한다. ·路 [lù 루] 길
yu [위]	입술을「우」모양으로 해서「위」라고 발음한다. ·去 [qù 취] 가다

복합모음

ai [아이]	「아에」와 비슷하게 발음한다는 느낌으로「아이」라고 발음한다. ·再 [zài 짜이] 다시
ei [에이]	단모음의「에」와는 다르게 보통「에이」라고 발음한다. ·累 [léi 레이] 피로하다
ao [아오]	「아우」에 가깝게 발음한다는 느낌으로「아오」라고 발음한다. ·好 [hǎo 하오] 좋다
ou [어우]	「오-」가 되지 않도록 주의해서 발음한다. ·都 [dōu 떠우] 모두

이외에 복합모음에는 3중모음과 n, ng를 동반한 모음, 그리고 r 발음에 가까운 권설모음도 있다. 그러나 기본은 단모음 6개의 발음으로 구성되어 있으므로 우선 이 발음을 확실하게 익혀두어야

한다. 이때 u는 wu와 yu의 두 개의 계통인 점을 잊지 말도록 한다. 또한 복합모음은 하나의 모음이므로 따로따로 발음이 되지 않도록 주의해야 한다.

2 | 자음

발음의 기본

유기음인지 무기음인지 주의해서 발음한다.
중국어의 자음은 숨을 내는 방법에 따라 2개의 계통으로 크게 나눌 수 있다. 하나는 숨을 강하게 토해내어 발음하는 유기음이고, 다른 하나는 숨을 삼가서 내는 무기음이다. 그러나 이 어느 쪽도 아닌 음이 있으므로 주의할 필요가 있다.

· 유기음의 예 : po / te / ke / qi / ci / chi
· 무기음의 예 : bo / de / ge / ji / zi / zhi

자음의 종류

21개의 자음은 발음 부위 별로 6종류로 나뉜다.

① 순음 (위아래입술, 윗니와 아랫입술을 사용한다)

b [뽀어]	위아래 입술을 가볍게 파열시키고 숨이 나지 않도록 주의한다.
p [포어]	위아래 입술을 강하게 파열시키고 강하게 숨을 낸다.

② 설첨음 (혀끝의 경구개를 사용한다)

d [뜨어]	혀끝을 윗잇몸에 가볍게 파열시켜서 숨을 내쉬지 않는다.
t [트어]	혀끝을 윗잇몸에 강하게 파열시켜서 강하게 숨을 낸다.

③ 설근음 (혓바닥과 경구개 앞부분을 사용한다)

g [꺼] k [커] h [허]	혀뿌리와 연구개를 사용하고, 목구멍 근처에서 낸다.

④ 설면음 (혓바닥과 경구개를 사용한다)

j [찌]	혓바닥을 경구개에 대고 우리말의 「찌」에 가깝게 발음한다.

⑤ 권설음 (혀끝과 경구개 앞부분을 사용한다)

zh [즈]	혀끝을 경구개 앞부분에 대고 그 상태로 「즈」처럼 발음한다. ch, sh, r의 발음도 이에 준하며, 이 책의 한글 표기에서는 「˚」로 표기하였다.

⑥ 설치음 (혀끝과 윗니 뒷부분을 사용한다)

z [즈]	혀끝을 윗니 뒷부분에 대고 가볍게 「즈」라고 발음한다. 이외에 c, s 도 이 발음에 준한다.

 주요 간체자(简体字)

정자	간체자	정자	간체자	정자	간체자
箇	个	開	开	關	关
觀	观	乾	乾	塊	块
橋	桥	階	阶	鷄	鸡
貴	贵	軍	军	劇	剧
幾	几	機	机	喫	吃
農	农	壇	坛	達	达
圖	图	東	东	動	动
頭	头	樂	乐	蘭	兰
淚	泪	歷	历	陸	陆
龍	龙	隣	邻	買	买
滅	灭	無	无	門	门
發	发	飛	飞	賓	宾
氷	冰	書	书	歲	岁
術	术	習	习	實	实

정자	간체자	정자	간체자	정자	간체자
兒	儿	亞	亚	藥	药
業	业	葉	叶	藝	艺
烟	烟	郵	邮	衛	卫
遠	远	園	园	雜	杂
長	长	將	将	醬	酱
災	灾	電	电	專	专
戰	战	錢	钱	際	际
從	从	遲	迟	進	进
車	车	廳	厅	總	总
親	亲	稱	称	湯	汤
筆	笔	蝦	虾	漢	汉
護	护	華	华	歡	欢
環	环	還	还		

 꼭 알아두어야 할 중요한 표지

기내에서 볼 수 있는 표시

禁止吸烟(NO SMOKING)	금연
系好安全带(FASTEN SEAT BELT)	안전벨트 착용
厕所使用中(OCCUPIED)	화장실 사용중
厕所没人使用(VACANT)	비어 있음
紧急出口(EMERGENCY)	비상구
叫出键(CALL BUTTON)	호출버튼
垃圾筒(TOWEL DISPOSAL)	쓰레기통

공항에서 볼 수 있는 표시

出发口(DEPARTURE GATE)	출발입구
到站口(ARRIVAL GATE)	도착입구
搭乘口(BOARDING GATE)	탑승입구
搭乘中(NOW BOARDING)	탑승수속 중
正点(ON TIME)	정각
延迟(DELAYED)	지연
换乘飞机(CONNECTING FLIGHT)	환승 비행기
待机(STAND BY)	공석 대기

换钱(EXCHANGE/MONEY EXCHANGE) 환전소
国内航班(DOMESTIC) 국내선

도로에서 볼 수 있는 표시

让步(YIELD) 양보
停止(STOP) 일시정지
右侧通行(KEEP RIGHT) 우측통행
禁止超车(DO NOT PASS) 추월금지
禁入(DO NOT ENTER) 진입금지
限速(SPEED LIMIT) 제한속도
单行道(ONE WAY) 일방통행
禁止停车(NO PARKING) 주차금지

건물 내에서 볼 수 있는 표시

男士专用 남자용   **女士专用** 여성용
入口 입구   **出口** 출구
拉 당기시오   **推** 미시오
开 열림(엘리베이터)   **关** 닫힘(엘리베이터)
关门 문을 닫음   **危险** 위험
停止 멈추시오   **预约** 예약됨
服务站 안내소   **禁止吸烟** 금연
禁止摄影 촬영금지   **免费入场** 무료입장
使用中 사용중

공항

Part 1

입국심사

중국에 오신 목적은 무엇입니까?

라이종궈더 무디스 선머?

관광인데요.

스 꽌구앙.

얼마나 머무십니까?

즈리우 뚸창 스지엔?

어디에 머무십니까?

짜이나 즈리우?

다 됐습니다.

커이러.

공항

来中国的目的是什么？
Lái zhōng guó de mù di shì shén me

是观光。
Shì guānguāng

滞留多长时间？
Zhì liú duō cháng shí jiān

在哪滞留？
Zài nǎ zhì liú

可以了。
Kě yǐ le

세관검사

짐은 어디서 찾나요?

싱리 따오나 취?

신고할 것은 있나요?

여우선머 야오선칭더마?

이 가방을 열어 주십시오.

칭따카이 저거빠오.

내용물은 무엇입니까?

리미엔 여우선머?

다른 짐은 있나요?

여우 치타더 싱리마?

 공항

行李到哪取？
Xíng lǐ dào nǎ qǔ

有什么要申请的吗？
Yǒu shén me yào shēn qǐng de ma

请打开这个包。
Qǐng dǎ kāi zhè gè bāo

里面有什么？
Lǐ miàn yǒu shén me

有其他的行李吗？
Yǒu qí tā de xíng lǐ ma

공항안내소

관광안내소는 어디에 있나요?

꾸안구앙 지에사오쒀 짜이날?

매표소는 어디에 있나요?

셔우퍄오추 짜이나리?

출구는 어딘가요?

추커우 짜이나리?

여기서 호텔을 예약할 수 있나요?

짜이저리 커이 위위에삔꾸안마?

시내지도 한 장 주세요.

칭게이워 이펀스네이띠투.

 공항

观光介绍所在哪儿？
Guānguāng jiè shào suǒ zài nǎr

售票处在哪里？
Shòu piào chù zài nǎ lǐ

出口在哪里？
Chū kǒu zài nǎ lǐ

在这里可以预约宾馆吗？
Zài zhè lǐ kě yǐ yù yuē bīn guǎn ma

请给我一份市内地图。
Qǐng gěi wǒ yī fèn shì nèi dì tú

시내로 이동

이 짐을 버스정류소까지 옮겨 주세요.

칭빠 저싱리윈따오 꽁공치처잔.

고마워요. 얼마인가요?

씨에씨에, 뚸사오치엔?

어디서 택시를 타나요?

짜이날쭤 추주처?

시내로 가는 버스는 있나요?

여우따오 스리더처마?

짐을 트렁크에 넣어 주세요.

칭바싱리 팡진 허우베이시앙.

공항

请把这行李运到公共汽车站。
Qǐng bǎ zhè xíng lǐ yùn dào gōnggòng qì chē zhàn

谢谢，多少钱？
Xiè xie duō shǎo qián

在哪儿坐出租车？
Zài nǎr zuò chū zū chē

有到市里的车吗？
Yǒu dào shì lǐ de chē ma

请把行李放进后备箱。
Qǐng bǎ xíng lǐ fàng jìn hòu bèi xiāng

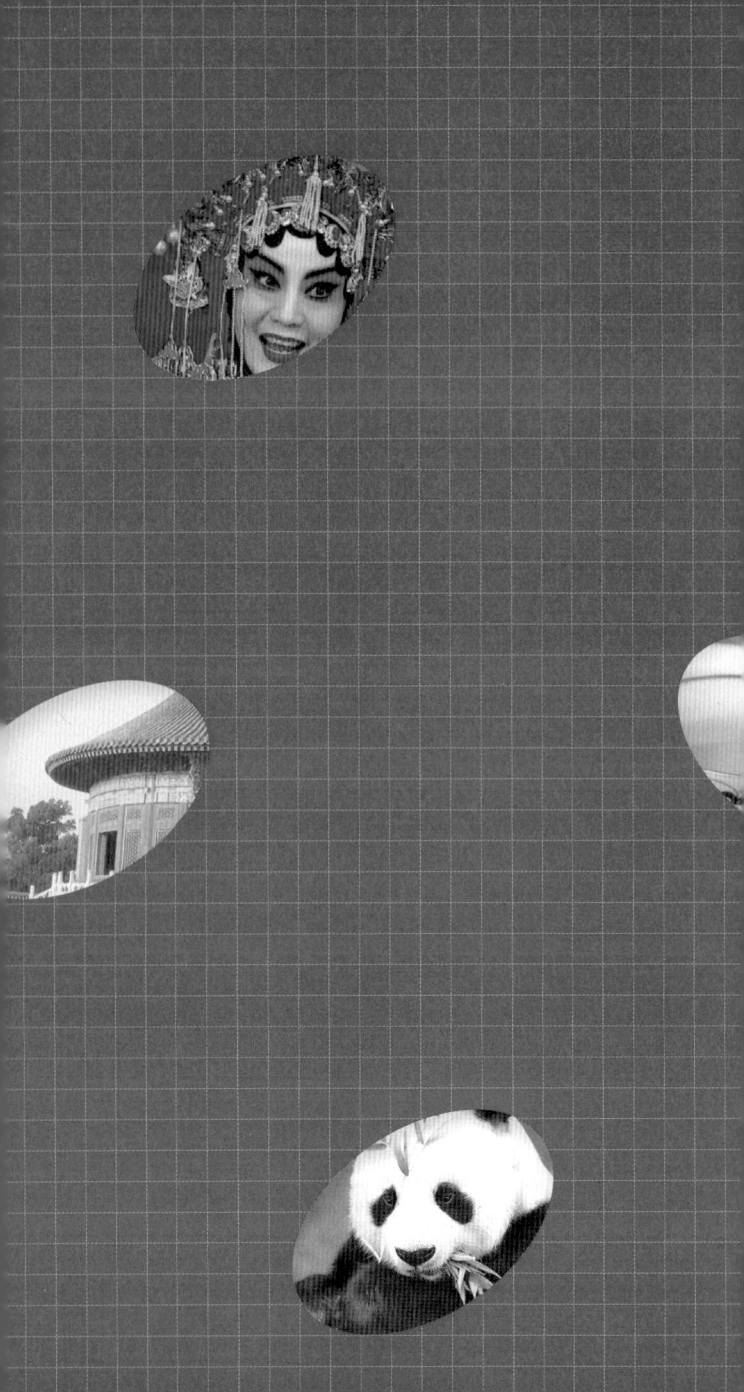

호텔

Part 2

호텔 예약

그 호텔은 어디에 있나요?

나거빈꾸안 짜이날?

공항까지 데리러 옵니까?

따오지창라이 지에워마?

예약을 하고 싶은데요.

워시앙 위위에.

숙박요금은 얼마인가요?

주쑤페이 뚸사오치엔?

방값에 아침식사는 포함되어 있나요?

팡페이리 빠오한짜오찬마?

호텔

那个宾馆在哪儿?
Nà gè bīn guǎn zài nǎr

到机场来接我吗?
Dào jī chǎng lái jiē wǒ ma

我想预约。
Wǒ xiǎng yù yuē

住宿费多少钱?
Zhù sù fèi duō shǎo qián

房费里包含早餐吗?
Fáng fèi lǐ bāo hán zǎo cān ma

호텔 예약

봉사료와 세금은 포함되어 있나요?

빠오한푸우페이 허수이진마?

얼마나 머무실 겁니까?

주지시우?

더블 룸으로 주세요.

칭께이워 수앙런팡지엔.

욕실이 있는 방으로 주세요.

칭께이워 여우위스더 팡지엔.

선불인가요?

시엔푸치엔마?

호텔

包含服务费和税金吗？
Bāo hán fú wù fèi hé shuì jīn ma

住几宿？
Zhù jǐ xiǔ

请给我双人房间。
Qǐng gěi wǒ shuāng rén fáng jiān

请给我有浴室的房间。
Qǐng gěi wǒ yǒu yù shì de fáng jiān

先付钱吗？
Xiān fù qián ma

체크인

예약은 하셨습니까?

닌위위에러마?

예약을 했는데요.

위위에러.

성함을 말씀하십시오.

칭수오 싱밍.

아직 예약을 안 했는데요.

하이메이여우 위위에.

오늘밤 빈방은 있나요?

진티엔완상 여우콩팡지엔마?

호텔

您预约了吗？
Nín yù yuē le ma

预约了。
Yù yuē le

请说姓名。
Qǐng shuō xìng míng

还没有预约。
Hái méi yǒu yù yuē

今天晚上有空房间吗？
Jīn tiān wǎn shàng yǒu kōng fáng jiān ma

체크인

조용한 방으로 주세요.

칭께이워거 안징더팡지엔.

전망이 좋은 방으로 주세요.

칭께이워거 넝칸펑징더팡지엔.

방을 보여 주세요.

칭께이워 칸이샤팡지엔.

좀 더 좋은 방은 없나요?

여우메이여우 껑하오더팡지엔?

다른 방으로 바꾸고 싶은데요.

워야오후안 삐에더팡지엔.

 호텔

请给我个安静的房间。
Qǐng gěi wǒ ge ān jìng de fáng jiān

请给我个能看风景的房间。
Qǐng gěi wǒ ge néng kàn fēng jǐng de fáng jiān

请给我看一下房间。
Qǐng gěi wǒ kàn yí xià fáng jiān

有没有更好的房间？
Yǒu méi yǒu gēng hǎo de fáng jiān

我要换别的房间。
Wǒ yào huàn bié de fáng jiān

체크인

이 방으로 할게요.

져우주 저거팡지엔바.

숙박카드를 작성해 주십시오.

칭지루따오 주쑤카리.

이게 방 열쇠입니다.

저스 팡지엔야오스.

귀중품을 보관해 주시겠어요?

커이빠오꾸안 꿰이종우핀마?

짐을 방까지 옮겨 주겠어요?

녕빠싱리 반따오팡지엔마?

 호텔

就住这个房间吧。
Jiù zhù zhè ge fáng jiān ba

请记录到住宿卡里。
Qǐng jì lù dào zhù sù kǎ lǐ

这是房间钥匙。
Zhè shì fáng jiān yào shi

可以保管贵重物品吗?
Kě yǐ bǎo guǎn guì zhòng wù pǐn ma

能把行李搬到房间吗?
Néng bǎ xíng li bān dào fáng jiān ma

체크인 트러블

다시 한 번 확인해 주세요.

칭짜이방워 취에런이샤
　위위에네이롱.

〈늦을 경우〉 7시 무렵에 도착할 것 같습니다.

따가이치띠엔종 넝따오.

예약을 취소하지 마세요.

뿌야오취샤오 위위에.

방을 취소하지 않았습니다.

메이여우 취샤오팡지엔.

다른 호텔을 찾으시십시오.

칭자오 뻬에더빈꾸안?

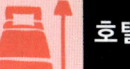
호텔

请再帮我确认一下预约内容。
Qǐng zài bāng wǒ què rèn yí xià yù yuē nèi róng

大概七点钟能到。
Dà gài qī diǎn zhōng néng dào

不要取消预约。
Bú yào qǔ xiāo yù yuē

没有取消房间。
Méi yǒu qǔ xiāo fáng jiān

请找别的宾馆。
Qǐng zhǎo bié de bīn guǎn

룸서비스

룸서비스 좀 부탁할게요.

칭자오 팡지엔푸우위엔.

〈노크할 때 안에서〉 **누구십니까?**

닌스쉐이?

잠시 기다리세요.

칭사오덩.

들어오세요.

칭진.

세탁 서비스는 있나요?

여우 시이푸우씨앙무마?

호텔

请叫房间服务员。
Qǐng jiào fáng jiān fú wù yuán

您是谁?
Nín shì shéi

请稍等。
Qǐng shāo děng

请进。
Qǐng jìn

有洗衣服务项目吗?
Yǒu xǐ yī fú wù xiàng mù ma

룸서비스

모닝콜 좀 부탁할게요.

쉬야오 쟈오자오.

방 번호를 말씀하십시오.

칭까오수워 닌더팡지엔하오.

한국으로 전화를 하고 싶은데요.

워시앙 왕한궈 따디엔후아.

마사지 좀 부탁할게요.

칭께이워 안모.

이건 팁입니다.

저스 샤오페이.

호텔

需要叫早。
Xū yào jiào zǎo

请告诉我您的房间号。
Qǐng gào sù wǒ nín de fáng jiān hào

我想往韩国打电话。
Wǒ xiǎng wǎng hán guó dǎ diàn huà

请给我按摩。
Qǐng gěi wǒ àn mó

这是小费。
Zhè shì xiǎo fèi

호텔시설 이용

식당은 어디에 있나요?

찬팅 짜이날?

영업은 몇 시까지 하나요?

잉예따오 지디엔?

커피숍은 어디에 있나요?

카페이팅 짜이날?

이메일을 체크하고 싶은데요.

워시앙지엔차 워더띠엔즈여우지엔.

호텔에 나이트클럽이 있나요?

판디엔네이 여우이에쫑훼이마?

호텔

餐厅在哪儿?
Cān tīng zài nǎr

营业到几点?
Yíng yè dào jǐ diǎn

咖啡厅在哪儿?
Kā fēi tīng zài nǎr

我想检查我的电子邮件。
Wǒ xiǎng jiǎn chá wǒ de diàn zi yóu jiàn

饭店内有夜总会吗?
fàn diàn nèi yǒu yè zǒng huì ma

세탁·미용

세탁 좀 해주세요.

칭방워 시이샤이푸.

언제 되나요?

선머스허우 커이?

빨리 해 주시겠어요?

커이 콰이디엔마?

샴푸와 세트를 부탁할게요.

칭께이워시터우 허쭤싱.

커트와 면도를 부탁할게요.

칭께이워지엔터우 허티쉬.

호텔

请帮我洗一下衣服。
Qǐngbāng wǒ xǐ yí xià yī fú

什么时候可以?
Shén me shí hòu kě yǐ

可以快点吗?
Kě yǐ kuài diǎn ma

请给我洗头和做型。
Qǐng gěi wǒ xǐ tóu hé zuò xíng

请给我剪头和剃须。
Qǐng gěi wǒ jiǎn tóu hé tì xū

전화

<교환수> 누구를 불러 드릴까요?

칭원 닌자오쉐이?

<교환수> 그대로 기다리십시오.

칭사오덩.

<교환수> 전화를 끊고 기다려 주십시오.

꾸아뚜안디엔후아허우, 칭샤오덩.

<교환수> 자 말씀하십시오.

칭슈오

전화요금은 얼마입니까?

디엔후아페이스 뚸사오치엔?

호텔

请问您找谁?
Qǐng wèn nín zhǎo shéi

请稍等。
Qǐng shāo děng

挂断电话后，请稍等。
Guà duàn diàn huà hòu qǐng shāo děng

请说。
Qǐng shuō

电话费是多少钱?
Diàn huà fèi shì duō shǎo qián

우편

이 근처에 우체국은 있습니까?

저푸진 여우여우쥐마?

우표는 어디서 살 수 있나요?

여우퍄오 자이날마이?

한국까지 항공편으로 보내 주세요.

방워퉈윈따오 한궈.

이 소포를 한국으로 보내고 싶은데요.

워시앙바여우빠오 여우따오한궈.

이 편지를 부쳐 주세요.

칭방워지 저펑신.

 호텔

这附近有邮局吗?
Zhè fù jìn yǒu yóu jú ma

邮票在哪儿买?
Yóu piào zài nǎr mǎi

帮我托运到韩国。
Bāng wǒ tuō yùn dào hán guó

我想把邮包邮到韩国。
Wǒ xiǎng bǎ yóu baō yóu dào hán guó

请帮我寄这封信。
Qǐngbāng wǒ jì zhè fēng xìn

호텔에서의 트러블

열쇠가 잠겨 방에 들어갈 수 없습니다.

팡먼쉬저 진뿌취.

열쇠를 방에 두고 나왔습니다.

야오스라 짜이팡리러.

방 번호를 잊어버렸습니다.

왕러 팡지엔하오마.

복도에 이상한 사람이 있습니다.

저우랑 여우치꽈이더런.

옆방이 무척 시끄럽습니다.

거삐팡지엔 타이차오러.

호텔

房门锁着进不去。
Fáng mén suǒ zhe jìn bù qù

钥匙落在房里了。
Yào shí là zài fáng lǐ le

忘了房间号码。
Wàng le fáng jiān hào mǎ

走廊有奇怪的人。
Zǒu láng yǒu qí guài de rén

隔壁房间太吵了。
Gé bì fáng jiān tài chǎo le

호텔에서의 트러블

다른 방으로 바꿔 주세요.

칭께이워후안 삐에더팡지엔.

뜨거운 물이 나오지 않는데요.

뿌추러수이.

빨리 고쳐주세요.

칭콰이방워 시우이샤.

방 청소가 아직 안 되었네요.

팡지엔 하이메이여우따사오.

타월을 바꿔 주세요.

칭방워 후안마오진.

호텔

请给我换别的房间。
Qǐng gěi wǒ huàn bié de fáng jiān

不出热水。
Bù chū rè shuǐ

请快帮我修一下。
Qǐng kuài bāng wǒ xiū yí xià

房间还没有打扫。
Fáng jiān hái méi yǒu dǎ sǎo

请帮我换毛巾。
Qǐng bāng wǒ huàn máo jīn

체크아웃

체크아웃은 몇 시입니까?

퉤이팡스 지디엔?

몇 시에 떠날 겁니까?

지디엔종리카이?

하룻밤 더 묵고 싶은데요.

씨앙자이주이완.

하루 일찍 떠나고 싶은데요.

시앙티 치엔이티엔리카이.

오후까지 방을 쓸 수 있나요?

팡지엔커이용따오 샤우마?

호텔

退房是几点？
Tuì fáng shì jǐ diǎn

几点钟离开？
Jǐ diǎn zhōng lí kāi

想再住一晚。
Xiǎng zài zhù yì wǎn

想提前一天离开。
Xiǎng tí qián yì tiān lí kāi

房间可以用到下午吗？
Fáng jiān kě yǐ yòng dào xià wǔ ma

체크아웃

체크아웃을 하고 싶은데요.

워시앙퉤이팡.

맡긴 귀중품을 꺼내 주세요.

칭께이워 지춘더풰이종우핀.

계산해 주세요.

칭지에장.

전부 포함된 겁니까?

취엔빠오쿼자이네이마?

고마웠어요. 즐겁게 보냈습니다.

씨에씨에. 워꿔더헌하오.

 호텔

我想退房。
Wǒ xiǎng tuì fáng

请给我寄存的贵重物品。
Qǐng gěi wǒ jì cún de guì zhòng wù pǐn

请结帐。
Qǐng jié zhàng

全包括在内吗？
Quán bāo kuò zài nèi ma

谢谢！我过得很好。
Xiè xie　Wǒ guò dé hěn hǎo

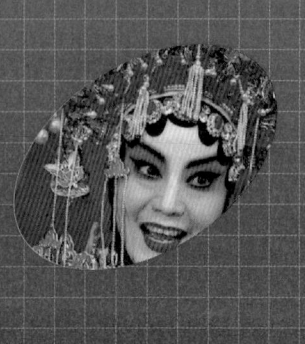

식당

Part 3

식당 찾기

가볍게 식사를 하고 싶은데요.

시앙 쉐이삐엔츠띠엔뚱시.

이곳에 한국 식당은 있나요?

저리 여우한궈판띠엔마?

이 근처에 잘하는 음식점은 있나요?

저푸진 여우터삐에하오츠더 판띠엔마?

이 시간에 문을 연 가게는 있나요?

저거스허우 여우잉예더띠엔마?

〈가이드북을 보여주며〉 **이 가게는 어디에 있나요?**

저거판띠엔 자이날?

식당

想随便吃点东西。
Xiǎng suí biàn chī diǎn dōng xī

这里有韩国饭店吗?
Zhè li yǒu hán guó fàn diàn ma

这附近有特别好吃的饭店吗?
Zhè fù jìn yǒu tè bié hǎo chī de fàn diàn ma

这个时候有营业的店吗?
Zhè ge shí hòu yǒu yíng yè de diàn ma

这个饭店在哪儿?
Zhè ge fàn diàn zài nǎr

식당 예약

여기서 예약할 수 있나요?

짜이저리 커이위위에마?

오늘밤 예약하고 싶은데요.

시앙진티엔완상 위위에.

손님은 몇 분이십니까?

지웨이커런?

전원 같은 자리로 해 주세요.

워시왕 취엔티쮀자이이이치.

거기는 어떻게 가나요?

날 쩐머취?

 식당

在这里可以预约吗?
Zài zhè lǐ kě yǐ yù yuē ma

想今天晚上预约。
Xiǎng jīn tiān wǎn shàng yù yuē

几位客人?
Jǐ wèi kè rén

我希望全体坐在一起。
Wǒ xī wàng quán tǐ zuò zài yì qǐ

那儿怎么去?
Nàr zěn me qù

식당 입구

안녕하세요. 예약은 하셨습니까?

닌하오. 위위에러마?

예약을 안 했는데요.

메이여우위위에.

몇 분이십니까?

지웨이?

안내해드릴 때까지 기다려 주십시오.

칭사오덩, 이후얼 여우런훼이라이 자오후닌.

조용한 안쪽 자리로 주세요.

칭께이워 리미엔안징더웨이즈

식당

您好，预约了吗？
Nín hǎo yù yuē le ma

没有预约。
Méi yǒu yù yuē

几位？
Jǐ wèi

请稍等，一会儿有人会来招呼您。
Qǐng shāo děng yí huìr yǒu rén huì lái zhāo hū nín

请给我里面安静的位子。
Qǐng gěi wǒ lǐ miàn ān jìng de wèi zi

식사 메뉴

메뉴 좀 보여 주세요.

칭께이워 칸차이딴.

한국어 메뉴는 있습니까?

여우한궈위 차이딴마?

메뉴에 대해서 가르쳐 주세요.

뚸이워저거차이딴 칭께이워
　지에사오이샤.

무엇을 권하시겠습니까?

야오퉤이지엔선머?

나중에 다시 오실래요?

넝칭닌 짜이라이이츠마?

식당

请给我看菜单。
Qǐng gěi wǒ kàn cài dān

有韩国语菜单吗?
Yǒu hán guó yǔ cài dān ma

对于这个菜单请给我介绍一下。
Duì yú zhè ge cài dān qǐng gěi wǒ jiè shào yí xià

要推荐什么?
Yào tuī jiàn shén me

能请您再来一次吗?
Néng qǐng nín zài lái yí cì ma

음식 주문

주문하시겠습니까?

디엔 선머차이?

잠깐 기다려 주세요.

칭사오덩.

웨이터, 주문받으세요.

푸우위엔, 디엔차이.

여기서 잘하는 요리는 무엇입니까?

저리더 나셔우하오차이 스선머?

오늘 특별 요리는 있나요?

진티엔더터삐에랴오리 스선머?

식당

点什么菜?
Diǎn shén me cài

请稍等。
Qǐng shāo děng

服务员,点菜。
Fú wù yuán diǎn cài

这里的拿手好菜是什么?
Zhè lǐ de ná shǒu hǎo cài shì shén me

今天的特别料理是什么?
Jīn tiān de tè bié liào lǐ shì shén me

음식 주문

〈메뉴를 가리키며〉 이것과 이것으로 주세요.

칭께이워저거 허저거.

저도 같은 것으로 주세요.

예칭께이워 이양더.

저것과 같은 요리를 주시겠어요?

넝께이워 허나거이양더차이마?

빨리 되나요?

콰이마?

다른 주문은 없으십니까?

하이쉬야오 뻬에더차이마?

식당

请给我这个和这个。
Qǐng gěi wǒ zhè ge hé zhè gè

也请给我一样的。
Yě qǐng gěi wǒ yí yàng de

能给我和那个一样的菜吗?
Néng gěi wǒ hé nà gè yí yàng de cài ma

快吗?
Kuài ma

还需要别的菜吗?
Hái xū yào bié de cài ma

식사를 하면서

이건 어떻게 먹으면 되나요?

저거 쩐머츠?

물 한 잔 주세요.

칭께이워 이뻬이쉐이.

소금 좀 갖다 주시겠어요?

넝께이워디엔 옌마?

맛은 어떠십니까?

웨이따오 쩐머양?

맛있는데요!

헌하오츠.

식당

这个怎么吃?
Zhè gè zěn me chī

请给我一杯水。
Qǐng gěi wǒ yi bēi shuǐ

能给我点盐吗?
Néng gěi wǒ diǎn yán ma

味道怎么样?
Wèi dao zěn me yàng

很好吃。
Hěn hǎo chī

식사를 마칠 때

디저트를 주세요.

칭께이워 찬허우디엔신.

디저트는 뭐가 있나요?

찬허우티엔핀 여우선머?

〈디저트를 권할 때〉 **아뇨, 됐습니다.**

뿌, 시에시에.

이걸 치워주시겠어요?

넝셔우스이샤 저거마?

〈동석한 사람에게〉 **담배를 피워도 되겠습니까?**

커이 처우이엔마?

식당

请给我餐后点心。
Qǐng gěi wǒ cān hòu diǎn xīn

餐后甜品有什么？
Cān hòu tián pǐn yǒu shén me

不，谢谢。
Bù xiè xie

能收拾一下这个吗？
Néng shōu shí yí xià zhè ge ma

可以抽烟吗？
Kě yǐ chōu yān ma

술집

어떤 맥주가 있나요?

떠우여우 선머피져우?

건배!

깐뻬이!

한 잔 더 주세요.

칭자이께이 이뻬이.

한 병 더 주세요.

칭짜이라이 이펑.

제가 사겠습니다.

워칭커.

식당

都有什么啤酒？
Dōu yǒu shén me pí jiǔ

干杯！
Gān bēi

请再给一杯。
Qǐng zài gěi yì bēi

请再来一瓶。
Qǐng zài lái yì píng

我请客。
Wǒ qǐng kè

식당에서의 트러블

우리가 주문한 요리는 언제 나옵니까?

워먼디엔더차이 선머스허우라이?

이 요리를 데워 주세요.

칭러이샤 저거차이.

요리가 덜 된 것 같네요.

차이메이수.

냄새가 이상합니다. 상한 거 아닙니까?

웨이따오치꽈이, 스뿌스삐엔즈러?

너무 많아서 먹을 수 없습니다.

타이뚸러, 츠뿌완.

식당

我们点的菜什么时候来？
Wǒ men diǎn de cài shén me shí hòu lái

请热一下这个菜。
Qǐng rè yí xià zhè ge cài

菜没熟。
Cài méi shú

味道奇怪，是不是变质了？
Wèi dào qí guài　shì bú shì biàn zhì le

太多了，吃不完。
Tài duō le　chī bù wán

식비 계산

무척 맛있었습니다.

페이창 하오츠.

어디서 지불하나요?

짜이날 즈푸?

따로따로 지불하고 싶은데요.

시앙펀카이 즈푸.

제가 모두 내겠습니다.

떠우랑워푸바.

제 몫은 얼마인가요?

워더펀 스뛰사오?

식당

非常好吃。
Fēi cháng hǎo chī

在哪儿支付?
Zài nǎr zhī fù

想分开支付。
Xiǎng fēn kāi zhī fù

都让我付吧。
Doū ràng wǒ fù bā

我的份是多少?
Wǒ de fèn shì duō shǎo

> ## 카운터

계산해 주세요.

칭 지에장.

전부해서 얼마인가요?

취엔뿌 뚸사오치엔?

봉사료는 포함되어 있나요?

푸우페이 빠오한 짜이네이마?

이 요금은 무언가요?

저거페이용 스선머?

계산이 틀린 것 같은데요.

하오시앙 지수안춰러.

식당

请结帐。
Qǐng jié zhàng

全部多少钱?
Quán bù duō shǎo qián

服务费包含在内吗?
Fú wù fèi bāo hán zài nèi ma

这个费用是什么?
Zhè ge fèi yòng shì shén me

好象计算错了。
Hǎo xiàng jì suàn cuò le

교통

Part 4

길을 물을 때

말씀 좀 묻겠습니다.

칭원.

〈지도를 가리키며〉 여기는 어디에 있습니까?

저거디팡 짜이나리?

백화점은 어디에 있습니까?

빠이훠샹띠엔 짜이나리?

여기는 무슨 거리입니까?

저리스 선머지에?

역은 어떻게 가나요?

처잔 쩐머취?

 교통

请问。
Qǐng wèn

这个地方在哪里?
Zhè ge dì fāng zài nǎ lǐ

百货商店在哪里?
Bǎi huò shāng diàn zài nǎ lǐ

这里是什么街?
Zhè lǐ shì shén me jiē

车站怎么去?
Chē zhàn zěn me qù

길을 물을 때

걸어서 몇 분 걸리나요?

쩌우저취 지펀종?

여기에서 가깝나요?

리저리 찐마?

거기까지 걸어서 갈 수 있나요?

넝 저우취나리마?

어느 길이 가장 가깝나요?

쩌우나탸오루 쮀이진너?

곧장 가십시오.

칭지엔즈쩌우.

교통

走着去几分中?
Zǒu zhe qù jǐ fēn zhōng

离这里近吗?
Lí zhè lǐ jìn ma

能走去那里吗?
Néng zǒu qù nà lǐ ma

走哪条路最近呢?
Zǒu nǎ tiáo lù zuì jìn ne

请简直走。
Qǐng jiǎn zhí zǒu

길을 잃었을 때

길을 잃었습니다.

워미루러.

실례합니다! 여기는 무슨 거리입니까?

뚜이부치! 저스 선머지에?

어디에 갑니까?

취나리?

이 길이 아닙니까?

뿌스 저탸오루?

친절을 베풀어 주셔서 감사합니다.

씨에씨에니 나머친치에.

 교통

我迷路了。
Wǒ mí lù le

对不起，这是什么街?
Duì bù qǐ, zhè shì shén me jiē

去哪里?
Qù nǎ lǐ

不是这条路。
Bù shì zhè tiáo lù

谢谢你那么亲切。
Xiè xie nǐ nà me qīn qiē

택시

어디서 택시를 탈 수 있습니까?

짜이나리 넝쬐 추주처?

택시!

추주처!

우리들 모두 탈 수 있습니까?

워먼떠우 넝쬐샤마?

트렁크를 열어 주세요.

칭따카이 허우뻬이시앙.

이 주소로 가 주세요.

칭따오 저거디즈.

교통

在哪里能坐出租车?
Zài nǎ lǐ néng zuò chū zū chē

出租车!
Chū zū chē

我们都能坐下吗?
Wǒ men doū néng zuò xià ma

请打开后备箱。
Qǐng dǎ kāi hòu bèi xiāng

请到这个地址。
Qǐng dào zhè ge dì zhǐ

택시

서둘러 주시겠어요?

커이 콰이띠엔마?

가장 가까운 길로 가 주세요.

칭왕 쮀이진더루 쩌우.

여기서 세워 주세요.

칭짜이저리 팅처.

여기서 기다려 주세요.

칭니자이 저리덩워.

얼마입니까?

뛰사오치엔?

교통

可以快点吗?
Kě yǐ kuài diǎn ma

请往最近的路走。
Qǐngwǎng zuì jìn de lù zǒu

请在这里停车。
Qǐng zài zhè lǐ tíng chē

请你在这里等我。
Qǐng nǐ zài zhè lǐ děng wǒ

多少钱?
Duō shǎo qián

시내버스

어디서 버스 노선도를 얻을 수 있나요?

짜이나리 커이농따오 꽁공치처 루시엔투?

〈버스를 가리키며〉 고궁 행인가요?

취 꾸공마?

어느 버스를 타면 됩니까?

야오쭤 나거꽁공치처?

갈아타야 하나요?

쉬야오 후안처마?

여기서 내려요.

짜이저리 샤처.

교통

在哪里可以弄到公共汽车路线图？
Zài nǎ lǐ kě yǐ nòng dào gōnggòng qì chē lù xiàn tú

去故宫吗？
Qù gù gōng ma

要坐哪个公共汽车？
Yào zuò nǎ ge gōnggòng qì chē

需要换车吗？
Xū yào huàn chē ma

在这里下车。
Zài zhè lǐ xià chē

시외버스

버스터미널은 어디에 있나요?

처쟌 짜이나리?

매표소는 어디에 있나요?

셔우퍄오추 짜이날?

돌아오는 버스는 어디서 탑니까?

훼이라이더스허우 짜이날쮀처?

거기에 가는 직행버스는 있나요?

여우즈지에취 나리더 꽁공치처마?

도착하면 알려 주세요.

따오러, 칭까오수워.

 교통

车站在哪里?
Chē zhàn zài nǎ lǐ

售票处在哪儿?
Shòu piào chù zài nǎr

回来的时候在哪儿坐车?
Huí lái de shí hòu zài nǎr zuò chē

有直接去那里的公共汽车吗?
Yǒu zhí jiē qù nà lǐ de gōnggòng qì chē ma

到了，请告诉我。
Dào le qǐng gào sù wǒ

관광버스

여기서 예약할 수 있나요?

짜이저리 커이위딩마?

버스는 어디서 기다리나요?

짜이날덩 꽁공치처?

몇 시에 돌아오나요?

지띠엔종 훼이라이?

투어는 몇 시에 어디서 시작되나요?

꽌구앙투안 지지엔 짜이날추파?

호텔까지 데리러 오나요?

따오빈꾸안 라이지에마?

교통

在这里可以预定吗?
Zài zhè lǐ kě yǐ yù dìng ma

在哪儿等公共汽车?
Zài nǎr děng gōnggòng qì chē

几点中回来?
Jǐ diǎn zhōng huí lái

观光团几点在哪儿出发?
Guānguāng tuán jǐ diǎn zài nǎr chū fā

到宾馆来接吗?
Dào bīn guǎn lái jiē ma

지하철

지하철 노선도를 주세요.

칭께이워 디티에루시엔투.

이 근처에 지하철역이 있나요?

저푸진여우 디티에잔마?

표는 어디서 사나요?

짜이나리 마이퍄오?

자동매표기는 어디에 있나요?

즈뚱셔우퍄오지 짜이나리?

어디서 갈아타나요?

짜이날 후안청?

교통

请给我地铁路线图。
Qǐng gěi wǒ dì tiě lù xiàn tú

这附近有地铁站吗？
Zhè fù jìn yǒu dì tiě zhàn ma

在哪里买票？
Zài nǎ lǐ mǎi piào

自动售票机在哪里？
Zì dòng shòu piào jī zài nǎ lǐ

在哪儿换乘？
Zài nǎr huàn chéng

기차

매표소는 어디에 있나요?

셔우퍄오추 짜이나리?

예약 창구는 어딘가요?

위위에추앙커우 짜이나리?

더 이른 열차는 있나요?

메이여우 껑자오이디엔더마?

더 늦은 열차는 있나요?

메이여우 껑완이디엔더마?

급행열차인가요?

메이여우 콰이처마?

 교통

售票处在哪里？
Shòu piào chù zài nǎ lǐ

预约窗口在哪里？
Yù yuē chuāng kǒu zài nǎ lǐ

没有更早一点的吗？
Méi yǒu gēng zǎo yi diǎn de ma

没有更晚一点的吗？
Méi yǒu gēng wǎn yi diǎn de ma

没有快车吗？
Méi yǒu kuài chē ma

기차

어디서 갈아타나요?

짜이날 후안청?

3번 홈은 어딘가요?

산하오잔타이 짜이나리?

〈표를 보여주며〉 이 열차 맞나요?

스저거 훠처마?

도중에 하차할 수 있나요?

짜이반따오 커이샤처마?

이 열차는 예정대로 출발하나요?

저거훠처 안위딩 추파마?

在哪儿换乘?
Zài nǎr huànchéng

三号站台在哪里?
Sān hào zhàn tái zài nǎ lǐ

是这个火车吗?
Shì zhè ge huǒ chē ma

在半道可以下车吗?
Zài bàn dào kě yǐ xià chē ma

这个火车按预定出发吗?
Zhè ge huǒ chē àn yù dìng chū fā ma

기차

거기는 제 자리인데요.

저스 워더웨이즈.

이 자리는 비어 있나요?

저거웨이즈스 콩더마?

식당차는 어디에 있습니까?

판띠엔처 짜이나리?

표를 잃어버렸습니다.

퍄오 농띠우러.

내릴 역을 지나쳤습니다.

워 쭤궈잔러.

 교통

这是我的位置。
Zhè shì wǒ de wèi zhì

这个位子是空的吗?
Zhè ge wèi zi shì kōng de ma

饭店车在哪里?
Fàn diàn chē zài nǎ lǐ

票弄丢了。
Piào nòng diū le

我坐过站了。
Wǒ zuò guò zhàn le

비행기

비행기 예약을 부탁합니다.

칭께이워 위위에페이지.

지금 체크인할 수 있나요?

시엔자이 커이반덩지 셔우쒸마?

몇 번 출구로 나가면 되나요?

야오 총지하오추커우 추취?

이 짐을 맡기고 싶은데요.

워시앙 춘싱리.

탑승이 시작되었나요?

카이스 상페이지러마?

 교통

请给我预约飞机。
Qǐng gěi wǒ yù yuē fēi jī

现在可以办登机手续吗？
Xiàn zài kě yǐ bàn dēng jī shǒu xù ma

要从几号出口出去？
Yào cóng jǐ hào chū kǒu chū qù

我想存行李。
Wǒ xiǎng cún xíng lǐ

开始上飞机了吗？
Kāi shǐ shàng fēi jī le ma

렌터카

렌터카 카운터는 어디에 있나요?

지에처더디팡 짜이나리?

어느 정도 운전할 예정이십니까?

야오카이 뛰창스지엔더처?

이것이 제 국제운전면허증입니다.

저스워더 꿔지쟈자오.

어떤 차가 있나요?

떠우여우 선머처?

종합보험을 들어 주세요.

칭찬쟈 종허바오씨엔.

교통

借车的地方在哪里?
Jiè chē de dì fāng zài nǎ lǐ

要开多长时间的车?
Yào kāi duō cháng shí jiān de chē

这是我的国际驾照。
Zhè shì wǒ de guó jì jià zhào

都有什么车?
Dōu yǒu shén me chē

请参加综合保险。
Qǐng cān jiā zōng hé bǎo xiǎn

렌터카

도로지도를 주세요.

칭께이워 루청투.

가장 가까운 교차로는 어딘가요?

쮀이진더 스즈루커우 스나리?

이 근처에 주유소가 있나요?

저푸진 여우 쟈여우잔마?

가득 넣어 주세요.

칭쟈만.

여기에 주차해도 되나요?

짜이저리팅처 예커이마?

교통

请给我路程图。
Qǐng gěi wǒ lù chéng tú

最近的十字路口是哪里?
Zuì jìn de shí zì lù kǒu shì nǎ lǐ

这附近有加油站吗?
Zhè fù jìn yǒu jiā yóu zhàn ma

请加满。
Qǐng jiā mǎn

在这里停车也可以吗?
Zài zhè lǐ tíng chē yě kě yǐ ma

렌터카

배터리가 떨어졌어요.

처메이여우 띠엔츠러.

펑크가 났어요.

룬타이 파오마오러.

시동이 안 걸려요.

처 취뚱뿌랴오.

브레이크가 잘 안 들어요.

사처 뿌링.

차를 반환할게요.

바처 후안께이닌.

 교통

车没有电池了。
Chē méi yǒu diàn chí le

轮胎抛锚了。
Lún tāi pāo máo le

车启动不了。
Chē qǐ dòng bù liǎo

刹车不灵。
Shà chē bù líng

把车还给您。
Bǎ chē huán gěi nín

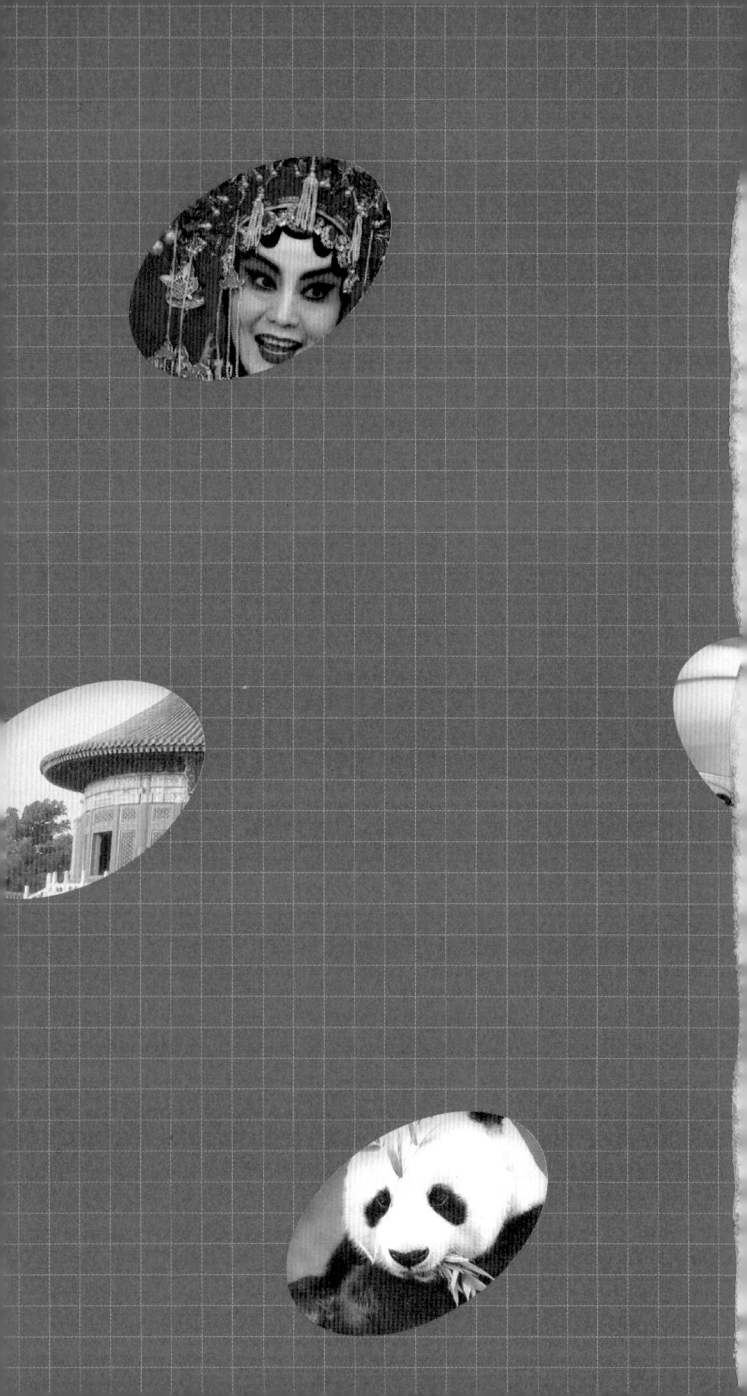

관광

Part 5

관광안내소

관광안내소는 어디에 있나요?

꽌구앙지에사오쉬 짜이나리?

관광지도를 주세요.

칭께이워 꽌구앙디투.

당일치기로 어디에 갈 수 있나요?

이르여우 취나리 하오너?

여기서 표를 살 수 있나요?

자이저리 커이마이퍄오마?

할인 티켓은 있나요?

여우 따저퍄오마?

 관광

观光介绍所在哪里？
Guānguāng jiè shào suǒ zài nǎ lǐ

请给我观光地图。
Qǐng gěi wǒ guānguāng dì tú

一日游去哪里好呢？
Yí rì yóu qù nǎ lǐ hǎo ne

在这里可以买票吗？
Zài zhè lǐ kě yǐ mǎi piào ma

有打折票吗？
Yǒu dǎ zhé piào ma

투어

어떤 투어가 있나요?

떠우여우 선머꾼구앙투안?

투어는 매일 있나요?

꾼구앙투안 메이티엔떠우 여우마?

야간관광은 있나요?

여우 예지엔투안마?

몇 시에 출발하나요?

지디엔종 추파?

어디서 출발하나요?

자이날 추파?

都有什么观光团？
Doū yǒu shén me guānguāng tuán

观光团每天都有吗？
Guānguāng tuán měi tiān doū yǒu ma

有夜间团吗？
Yǒu yè jiān tuán ma

几点钟出发？
Jǐ diǎn zhōng chū fā

在哪儿出发？
Zài nǎr chū fā

관광지

저것은 무엇인가요?

나스 선머?

여기서 얼마나 머뭅니까?

리저리 여우뛔위엔?

시간은 어느 정도 있나요?

여우 뛔사오스지엔?

저 건물은 무엇인가요?

나지엔주우 스선머?

기념품 가게는 어디에 있나요?

지니엔핀띠엔 짜이날?

 관광

那是什么?
Nà shì shén me

离这里有多远?
Lí zhè lǐ yǒu duō yuǎn

有多少时间?
Yǒu duō shǎo shí jiān

那建筑物是什么?
Nà jiàn zhù wù shì shén me

纪念品店在哪儿?
Jì niàn pǐn diàn zài nǎr

관람

티켓은 어디서 사나요?

먼퍄오 짜이날마이?

입장료는 얼마인가요?

루창취엔 뚸사오치엔?

단체할인은 있나요?

여우 투안티퍄오 따저마?

이 티켓으로 모든 전시를 볼 수 있나요?

융저거퍄오 커이칸 쉬여우잔란마?

무료 팸플릿은 있나요?

여우미엔페이더 쌰오처즈마?

 관광

门票在哪儿买？
Mén piào zài nǎr mǎi

入场券多少钱？
Rù chǎngquàn duō shǎo qián

有团体票打折吗？
Yǒu tuán tǐ piào dǎ zhé ma

用这个票可以看所有展览吗？
Yòng zhè ge piào kě yǐ kàn suǒ yǒu zhǎn lǎn ma

有免费的小册子吗？
Yǒu miǎn fèi de xiǎo cè zi ma

관람

짐을 맡기고 싶은데요.

워시앙 춘싱리.

그 박물관은 오늘 여나요?

나거보우꾸안 진티엔카이마?

재입관할 수 있나요?

커이 짜이루네이마?

출구는 어딘가요?

추커우 짜이날?

화장실은 어딘가요?

처쉬짜이나리?

 관광

我想存行李。
Wǒ xiǎng cún xíng lǐ

那个博物馆今天开吗？
Nà ge bó wù guǎn jīn tiān kāi ma

可以再入内吗？
Kě yǐ zài rù nèi ma

出口在哪儿？
Chū kǒu zài nǎr

厕所在哪里？
Cè suǒ zài nǎ lǐ

사진

여기서 사진을 찍어도 되나요?

커이 짜이저리 자오시앙마?

여기서 플래시를 터뜨려도 되나요?

짜이저리 커이용 샨꾸앙덩마?

비디오 촬영을 해도 되나요?

커이 루시앙마?

함께 사진을 찍으시겠습니까?

커이이치 자오시앙마?

사진 좀 찍어 주시겠어요?

넝허워 자오장시앙마?

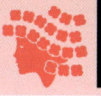 관광

可以在这里照相吗?
Kě yǐ zài zhè li zhàoxiāng ma

在这里可以用闪光灯吗?
Zài zhè li kě yǐ yòng shǎn guāng dēng ma

可以录像吗?
Kě yǐ lù xiàng ma

可以一起照相吗?
Kě yǐ yì qǐ zhàoxiāng ma

能和我照张相吗?
Néng hé wǒ zhào zhāng xiāng ma

유흥

좋은 나이트클럽은 있나요?

여우 하오 예종훼이마?

이건 무슨 쇼인가요?

저스 선머이엔추?

무대 근처 자리로 주시겠어요?

닝께이워 리우타이 진더쭤웨이마?

가라오케는 있나요?

여우메이여우 카라오케빠오씨앙?

함께 춤추시겠어요?

닝허워이치 탸오우마?

 관광

有好夜总会吗?
Yǒu hǎo yè zǒng huì ma

这是什么演出?
Zhè shì shén me yǎn chū

能给我离舞台近的座位吗?
Néng gěi wǒ lí wǔ tái jìn de zuò wèi ma

有没有卡拉OK包厢?
Yǒu méi yǒu kǎ lā bāo xiāng

能和我一起跳舞吗?
Néng hé wǒ yī qǐ tiào wǔ ma

골프 · 스키

골프를 하고 싶은데요.

워시앙따 까오얼푸치우.

골프 예약을 부탁합니다.

칭께이워 위위에 까오얼푸치우.

오늘 플레이할 수 있나요?

진티엔 커이 삐싸이마?

스키를 타고 싶은데요.

워시앙 화쉬에.

스키용품은 어디서 빌릴 수 있나요?

후아쉬에용쥐 짜이날 커이지에?

 관광

我想打高尔夫球。
Wǒ xiǎng dǎ gāo ěr fū qiú

请给我预约高尔夫球。
Qǐng gěi wǒ yù yuē gāo ěr fū qiú

今天可以比赛吗?
Jīn tiān kě yǐ bǐ sài ma

我想滑雪。
Wǒ xiǎng huá xuě

滑雪用具在哪儿可以借?
Huá xuě yòng jù zài nǎr kě yǐ jiè

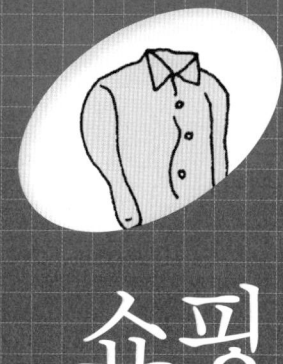

쇼핑

Part 6

가게를 찾을 때

쇼핑센터는 어디에 있나요?

꺼우우종신 자이나리?

쇼핑 가이드는 있나요?

여우 꺼우우다오여우마?

선물은 어디서 살 수 있나요?

짜이날 커이마이 리우?

면세점은 있나요?

여우 미엔수이띠엔마?

이 주변에 백화점은 있나요?

저푸진여우 바이훠상띠엔마?

쇼핑

购物中心在哪里？
Gòu wù zhōng xīn zài nǎ lǐ

有购物导游吗？
Yǒu gòu wù dǎo yóu ma

在哪儿可以买礼物？
Zài nǎr kě yǐ mǎi lǐ wù

有免税店吗？
Yǒu miǎn shuì diàn ma

这附近有百货商店吗？
Zhè fù jìn yǒu bǎi huò shāng diàn ma

가게를 찾을 때

편의점을 찾고 있는데요.

워짜이자오 삐엔리띠엔.

세일은 어디서 하고 있나요?

짜이나리 따저?

이 주변에 할인점은 있나요?

저푸진 여우 지엔마이샹띠엔마?

그건 어디서 살 수 있나요?

짜이나리 넝마이따오?

몇 시까지 하나요?

따오지띠엔?

쇼핑

我在找便利店。
Wǒ zài zhǎo biàn lì diàn

在哪里打折?
Zài nǎ lǐ dǎ zhé

这附近有贱卖商店吗?
Zhè fù jìn yǒu jiàn mài shāng diàn ma

在哪里能买到?
Zài nǎ lǐ néng mǎi dào

到几点?
Dào jǐ diǎn

물건을 찾을 때

무얼 찾으십니까?

짜이자오 선머?

보기만 할게요.

즈스 칸이칸.

여기 잠깐 봐 주실래요?

칭 꿔라이이샤?

저걸 보여 주실래요?

넝께이워 칸이샤 나거마?

이것뿐인가요?

져우 저시에마?

쇼핑

在找什么？
Zài zhǎo shén me

只是看一看。
Zhǐ shì kàn yi kàn

请过来一下。
Qǐng guò lái yí xià

能给我看一下那个吗？
Néng gěi wǒ kàn yí xià nà ge ma

就这些吗？
Jiù zhè xiē ma

물건을 고를 때

그걸 봐도 될까요?

칸칸나거 예커이마?

몇 가지 보여 주시겠어요?

넝께이워 칸이샤마?

다른 것을 보여 주시겠어요?

야오시엔 칸이샤 삐에더마?

품질이 더 좋은 것은 없나요?

메이여우즈리앙 껑하오더마?

잠깐 다른 것을 볼게요.

워시앙 칸띠엔 삐에더.

쇼핑

看看那个也可以吗？
Kàn kàn nà ge yě kě yǐ ma

能给我看一下吗？
Néng gěi wǒ kàn yī xià ma

要先看一下别的吗？
Yào xiān kàn yí xià bié de ma

没有质量更好的吗？
Méi yǒu zhì liáng gēng hǎo de ma

我想看点别的。
Wǒ xiǎng kàn diǎn bié de

색상

무슨 색이 있나요?

여우선머 이엔서?

너무 화려한데요.

타이 이엔러.

더 화려한 것은 없나요?

여우 껑 이엔이띠엔더마?

더 수수한 것은 없나요?

여우 껑 쑤이띠엔더마?

이 색은 안 좋아해요.

뿌시후안 저거이엔서.

 쇼핑

有什么颜色？
Yǒu shén me yán sè

太艳了。
Tài yàn le

有更艳一点的吗？
Yǒu gēng yàn yi diǎn de ma

有更素一点的吗？
Yǒu gēng sù yi diǎn de ma

不喜欢这个颜色。
Bù xǐ huān zhè ge yán sè

디자인

다른 스타일은 있나요?

여우 삐에더 쿠안스마?

어떤 디자인이 유행하고 있나요?

시엔자이 리우싱 나종쿠안스?

이런 디자인은 안 좋아해요.

뿌시후안 저거쿠안스.

다른 디자인은 있나요?

여우 삐에더 써지마?

디자인이 비슷한 것은 있나요?

여우 차뿌뚸 콴스더마?

쇼핑

有别的款式吗？
Yǒu bié de kuǎn shì ma

现在流行哪种款式？
Xiàn zài liú xíng nǎ zhǒng kuǎn shì

不喜欢这个款式。
Bù xǐ huān zhè ge kuǎn shì

有别的设计吗？
Yǒu bié de shè jì ma

有差不多款式的吗？
Yǒu chā bù duō kuǎn shì de ma

사이즈

어떤 사이즈를 찾으십니까?

자오 뛰다츠춘더?

사이즈는 이것뿐인가요?

져우 저시에츠춘마?

사이즈를 재주시겠어요?

넝께이워 리앙이샤 츠춘마?

더 큰 것은 있나요?

여우 껑따더마?

더 작은 것은 있나요?

여우 껑샤오더마?

 쇼핑

找多大尺寸的?
Zhǎo duō dà chǐ cùn de

就这些尺寸吗?
Jiù zhè xiē chǐ cùn ma

能给我量一下尺寸吗?
Néng gěi wǒ liáng yí xià chǐ cùn ma

有更大的吗?
Yǒu gēng dà de ma

有更小的吗?
Yǒu gēng xiǎo de ma

품질

재질은 무엇인가요?

스 선머랴오?

질은 괜찮나요?

즈리앙 하오마?

이건 진품입니까, 복제품입니까?

저스전핀, 하이스푸즈핀?

이건 수제인가요?

저스 셔우꽁즈더마?

이건 무슨 향인가요?

저스 선머씨앙?

쇼핑

是什么料?
Shì shén me liào

质量好吗?
Zhì liáng hǎo ma

这是珍品还是复制品?
Zhè shì zhēn pǐn hái shì fù zhì pǐn

这是手工制的吗?
Zhè shì shǒugōng zhì de ma

这是什么香?
Zhè shì shén me xiāng

백화점

신사복 매장은 몇 층인가요?

마이 선스푸더페이타이
 자이지러우?

세일하는 물건을 찾고 있는데요.

짜이자오 따저더뚱시.

예산은 어느 정도이십니까?

위수안 뚸사오치엔?

신상품은 어느 건가요?

나거상펀 스신상펀마?

이것은 어느 브랜드인가요?

스 선머파이즈더?

卖绅士服的柜台在几楼?
Mài shēn shì fú de guì tái zài jǐ lóu

在找打折的东西。
Zài zhǎo dǎ zhé de dōng xī

预算多少钱?
Yù suàn duō shǎo qián

哪个商品是新商品吗?
Nǎ ge shāng pǐn shì xīn shāng pǐn ma

是什么牌子的?
Shì shén me pái zi de

면세점

면세점은 어디에 있나요?

미엔수이띠엔 짜이나리?

얼마까지 면세가 되나요?

미엔수이 뚸사오?

어느 브랜드가 좋을까요?

선머파이즈 하오?

이 가게에서는 면세로 살 수 있나요?

짜이저리 마이뚱시 커이미엔쉐이 마?

여권을 보여 주십시오.

칭추스 닌더후자오.

쇼핑

免税店在哪里？
Miǎn shuì diàn zài nǎ lǐ

免税多少？
Miǎn shuì duō shǎo

什么牌子好？
Shén me pái zi hǎo

在这里买东西可以免税吗？
Zài zhè lǐ mǎi dōng xī kě yǐ miǎn shuì ma

请出示您的护照。
Qǐng chū shì nín de hù zhào

계산

계산은 어디서 하나요?

짜이나 지에장?

전부해서 얼마나 되나요?

취엔뿌 뚸사오치엔?

얼마예요?

뚸사오치엔?

이건 세일 중인가요?

저거 정짜이 따저마?

세금이 포함된 가격인가요?

빠오쿼 쉐이진마?

쇼핑

在哪结帐?
Zài nǎ jié zhàng

全部多少钱?
Quán bù duō shǎo qián

多少钱?
Duō shǎo qián

这个正在打折吗?
Zhè ge zhèng zài dǎ zhé ma

包括税金吗?
Bāo kuò shuì jīn ma

흥정

너무 비싸네요.

타이꿰이러.

깎아 주시겠어요?

넝피엔이 띠엔마?

더 싼 것은 없나요?

여우껑 피엔이더마?

더 싸게 해 주실래요?

넝짜이 피엔이띠엔마?

깎아주면 살게요.

피엔이띠엔 져우마이.

쇼핑

太贵了。
Tài guì le

能便宜点吗?
Néng pián yi diǎn ma

有更便宜的吗?
Yǒu gēng pián yi de ma

能再便宜点吗?
Néng zài pián yi diǎn ma

便宜点就买。
Pián yi diǎn jiù mǎi

지불방법

이걸로 할게요.

져우마이 저거.

지불은 어떻게 하시겠습니까?

쩐머 즈푸?

카드도 되나요?

수아카 예커이마?

여행자수표도 받나요?

뤼싱즈퍄오 싱마?

영수증을 주세요.

칭께이워 셔우쥐.

쇼핑

就买这个。
Jiù mǎi zhè ge

怎么支付?
Zěn me zhī fù

刷卡也可以吗?
Shuā kǎ yě kě yǐ ma

旅行支票行吗?
Lǚ xíng zhī piào xíng ma

请给我收据。
Qǐng gěi wǒ shōu jù

포장 · 배송

이걸 선물용으로 포장해 주시겠어요?

저스 쮜리우융더 닝빠오주앙 이샤마?

따로따로 포장해 주세요.

칭께이워 펀주오빠오주앙.

이거 넣을 박스 좀 주시겠어요?

닝농라이 주앙저거융더 허즈마?

언제 배달해 주시겠어요?

선머스허우 닝쏭라이?

이 주소로 보내 주세요.

칭지따오 이샤디즈

쇼핑

这是做礼物用的能包装一下吗?
Zhè shì zuò lǐ wù yòng de néng bāo zhuāng yí xià ma

请给我分着包装。
Qǐng gěi wǒ fēn zhuó bāo zhuāng

能弄来装这个用的盒子吗?
Néng nòng lái zhuāng zhè ge yòng de hé zi ma

什么时候能送来?
Shén me shí hòu néng sòng lái

请寄到以下地址。
Qǐng jì dào yǐ xià dì zhǐ

교환·환불

여기에 얼룩이 있네요.

저리 여우우쯔.

이것을 교환하고 싶은데요.

워씨앙후안 이씨아저거.

구입할 때 망가져 있었나요?

진훠스 져우스 화이더마?

샀을 때는 몰랐어요.

마이더스허우 메이파시엔.

다른 것으로 바꿔 주시겠어요?

넝께이워 후안삐에더마?

 쇼핑

这里有污渍。
Zhè lǐ yǒu wū zì

我想换一下这个。
Wǒ xiǎng huàn yī xià zhè gè

进货时就是坏的吗？
Jìn huò shí jiù shì huài de ma

买的时候没发现。
Mǎi de shí hòu méi fā xiàn

能给我换别的吗？
Néng gěi wǒ huàn bié de ma

교환·환불

반품하고 싶은데요.

워시앙 퉤이훠.

아직 사용하지 않았습니다.

하이메이여우 융궈.

가짜가 하나 섞여 있었습니다.

여우이거 쟈더.

환불해 주시겠어요?

넝 퉤이후안마?

산 물건하고 다릅니다.

허마이더뚱시 뿌이양.

쇼핑

我想退货。
Wǒ xiǎng tuì huò

还没有用过。
Hái méi yǒu yòng guò

有一个假的。
Yǒu yī ge jiǎ de

能退还吗?
Néng tuì huán ma

和买的东西不一样。
Hé mǎi de dōng xī bù yí yàng

트러블

Part 7

중국어

통역을 부탁하고 싶은데요.

시앙빠이튀닌 판이이샤.

어느 나라 말을 하십니까?

닌수오 나꿔위이엔?

한국어를 하는 사람은 있나요?

여우훼이 한궈위더런마?

한국어로 쓰인 것은 있나요?

여우융 한궈위 씨에더마?

한국어판은 있나요?

한궈위빤더 쩐머양?

트러블

想拜托您翻译一下。
Xiǎng bài tuō nín fān yì yí xià

您说哪国语言?
Nín shuō nǎ guó yǔ yán

有会韩国语的人吗?
Yǒu huì hán guó yǔ de rén ma

有用韩国语写的吗?
Yǒu yòng hán guó yǔ xiě de ma

韩国语版的怎么样?
Hán guó yǔ bǎn de zěn me yàng

중국어

좀 더 천천히 말씀해 주세요.

칭짜이 만디엔쉬.

당신이 말하는 것을 모르겠습니다.

닌쉬더 워뿌밍빠이.

그건 무슨 뜻입니까?

나스 선머이쓰?

써 주세요.

칭 시에이샤.

여기서는 아무도 한국어를 못 합니다.

저리메이여우런 훼이쉬한원.

트러블

请再慢点说。
Qǐng zài màn diǎn shuō

您说的我不明白。
Nín shuō de wǒ bù míng bái

那是什么意思？
Nà shì shén me yì sī

请写一下。
Qǐng xiě yí xià

这里没有人会说韩文。
Zhè lǐ méi yǒu rén huì shuō hán wén

난처할 때

문제가 생겼습니다.

여우 원티러.

무슨 좋은 방법이 없을까요?

메이여우선머 하오빤파마?

어떻게 하면 좋을까요?

쩐머반 하오?

화장실은 어디죠?

처쉬 짜이나리?

어떻게 해 주시겠어요?

칭빵방망 하오마?

 트러블

有问题了。
Yǒu wèn tí le

没有什么好办法吗？
Méi yǒu shén me hǎo bàn fǎ ma

怎么办好？
Zěn me bàn hǎo

厕所在哪里？
Cè suǒ zài nǎ lǐ

请帮帮忙好吗？
Qǐng bāng bāng máng hǎo ma

위급한 상황

무얼 원하세요?

쉬야오 워쮀선머?

알겠습니다. 다치게만 하지 마세요.

즈따오러. 즈야오 뻬에랑워 셔우상 져우커이러.

시키는 대로 할게요.

워자오 닌수오더 반.

뭐야?

선머?

잠깬! 뭘 하는 겁니까?

떵덩! 깐 선머너?

 트러블

需要我做什么?
Xū yào wǒ zuò shén me

知道了, 只要别让我受伤就可以了。
Zhī dào le, zhǐ yào bié ràng wǒ shòushāng jiù kě yǐ le

我照您说的办。
Wǒ zhào nín shuō de bàn

什么?
Shén me

等等, 干什么呢?
Děngděng, gān shén me ne

위급한 상황

그만 두세요.

쑤안랴오, 삐에쮀러.

만지지 말아요!

뿌야오 펑!

저리 가!

삐에 꿔라이!

다가서지 말아요!

뿌야오 카오진!

경찰을 부르겠다!

워야오쟈오 징차러!

 트러블

算了，别做了。
Suàn liǎo bié zuò le

不要碰!
Bú yào pèng

别过来!
Bié guò lái

不要靠近。
Bú yào kào jìn

我要叫警察了。
Wǒ yào jiào jǐng chá le

분실

분실물 취급소는 어디에 있나요?

링취 띠우스우핀더띠팡 짜이날?

무엇을 잃어버렸습니까?

닌띠우러 선머뚱시?

여권을 잃어버렸습니다.

띠우 후자오러.

열차 안에 지갑을 두고 내렸습니다.

치엔빠오 디우짜이 훠처상러.

어디서 잃어버렸는지 기억이 안 납니다.

지뿐칭 짜이날 디우더러.

 트러블

领取丢失物品的地方在哪儿?
Lǐng qǔ diū shī wù pǐn de dì fāng zài nǎr

您丢了什么东西?
Nín diū le shén me dōng xī

丢护照了。
Diū hù zhào le

钱包丢在火车上了。
Qián bāo diū zài huǒ chē shàng le

记不清在哪儿丢的了。
Jì bù qīng zài nǎr diū de le

도난

멈춰! 도둑이야!

잔주! 샤오터우!

내놔!

나추라이!

저놈이 내 가방을 뺏어갔어요!

스타 빠워더빠오 나쩌우러!

지갑을 도둑맞았어요!

치엔빠오 베이터우러!

방에 도둑이 들었어요.

팡지엔리 진 샤오터우러.

트러블

站住！小偷！
Zhàn zhù　Xiǎo tōu

拿出来！
Ná chū lái

是他把我的包拿走了。
Shì tā bǎ wǒ de bāo ná zǒu le

钱包被偷了。
Qián bāo bèi tōu le

房间里进小偷了。
Fáng jiān lǐ jìn xiǎo tōu le

교통사고

교통사고를 당했어요.

추 처훠러.

친구가 차에 치었습니다.

워더펑여우 뻬이처주앙러.

구급차를 불러 주세요.

칭쟈오 져우후처.

다친 사람이 있어요.

여우런 셔우상러.

저를 병원으로 데려가 주시겠어요?

칭쏭워따오 이위엔 커이마?

 트러블

出车祸了。
Chū chē huò le

我的朋友被车撞了。
Wǒ de péng yǒu bèi chē zhuàng le

请叫救护车。
Qǐng jiào jiù hù chē

有人受伤了。
Yǒu rén shòushāng le

请送我到医院可以吗?
Qǐng sòng wǒ dào yī yuàn kě yǐ ma

병원

의사를 불러 주세요.

칭자오 따이푸.

의사에게 진찰을 받고 싶은데요.

시앙랑 따이푸칸빙.

병원으로 데리고 가 주시겠어요?

닝쏭워따오 이위엔마?

진료 예약을 하고 싶은데요.

씽위위에, 칸빙.

한국어를 아는 의사는 있나요?

여우메이여우동 한위더 이성?

 트러블

请叫大夫。
Qǐng jiào dài fū

想让大夫看病。
Xiǎng ràng dài fū kàn bìng

能送我到医院吗?
Néng sòng wǒ dào yī yuàn ma

想预约,看病。
Xiǎng yù yuē kàn bìng

有没有懂韩语的医生?
Yǒu méi yǒu dǒng hán yǔ de yī shēng

병원

어디가 아프세요?

니날성빙러?

몸이 안 좋습니다.

선티 뿌수푸.

몸이 나른합니다.

선티 우리.

현기증이 납니다.

워쥐에더 터우윈.

식욕이 없습니다.

메이여우 스위.

 트러블

你哪儿生病了？
Nǐ nǎr shēng bìng le

身体不舒服。
Shēn tǐ bù shū fu

身体无力。
Shēn tǐ wú lì

我觉得头晕。
Wǒ jué dé tóu yūn

没有食欲。
Méi yǒu shí yù

> 병원

감기에 걸린 것 같습니다.

하오시앙 깐마오러.

설사가 심합니다.

푸시에 터삐에 이엔종.

열이 있습니다.

파사오

여기가 아픕니다.

절텅.

다쳤습니다.

워 셔우상러.

트러블

好象感冒了。
Hǎo xiàng gǎn mào le

腹泻特别严重。
Fù xiè tè bié yán zhòng

发烧。
Fā shāo

这儿疼。
Zhèr téng

我受伤了。
Wǒ shòushāng le

약국

이 부근에 약방이 있나요?

저푸진여우 야오팡마?

진통제를 주세요.

워야오마이 즈통야오

파스를 주세요.

워야오 띠에따까오

약을 처방해 주세요.

칭카이야오

한방을 처방해 주세요.

칭께이워 카이종야오

트러블

这附近有药房吗?
Zhè fù jìn yǒu yào fáng ma

我要买止痛药。
Wǒ yào mǎi zhǐ tòng yào

我要跌打膏。
Wǒ yào diē dǎ gāo

请开药。
Qǐng kāi yào

请给我开中药。
Qǐng gěi wǒ kāi zhōng yào

여행 스케줄

Date

구경거리	
즐길거리	
먹거리	
숙박	
경비	
기타	

여행 스케줄

Date

구경거리	
즐길거리	
먹거리	
숙박	
경비	
기타	

여행 스케줄

Date

구경거리	
즐길거리	
먹거리	
숙박	
경비	
기타	

여행 스케줄

Date

구경거리	
즐길거리	
먹거리	
숙박	
경비	
기타	

여행 스케줄

Date

구경거리	
즐길거리	
먹거리	
숙박	
경비	
기타	

여행 스케줄

Date

구경거리	
즐길거리	
먹거리	
숙박	
경비	
기타	

여행 스케줄

Date

구경거리

즐길거리

먹거리

숙박

경비

기타

여행 메모

여행 메모

여행 메모

여행 메모

여행 메모

여행 메모